Bibliografische Information der Deutschen Nationalbibliothek:

Die Deutsche Bibliothek verzeichnet diese Publikation in der Deutschen National-
bibliografie; detaillierte bibliografische Daten sind im Internet über http://dnb.d-
nb.de/ abrufbar.

Impressum:

Copyright © 2012 GRIN Verlag
Druck und Bindung: Books on Demand GmbH, Norderstedt Germany
ISBN: 9783656189343

Dieses Buch bei GRIN:

https://www.grin.com/document/193306

Klaus Bahners

Charles Baudelaire: „A une Passante" - Analysen und Materialien

GRIN Verlag

Charles Baudelaire: „A une Passante" -

Analysen und Materialien

von

Klaus Bahners

Düsseldorf 2012

Meinen Enkelkindern Anna und Leni gewidmet

Inhaltsverzeichnis

Zur Einführung

Der Verfasser, der sich seit Ende der 60er Jahre immer wieder mit Baudelaire beschäftigt hat, bietet Interpretationshilfen zu dem berühmten Sonett „A une Passante" („An eine, die vorüberging") aus den „Fleurs du Mal" („Die Blumen des Bösen") von Charles Baudelaire. Damit wendet er sich vor allem an Schüler der gymnasialen Oberstufe, an Romanistikstudenten, an Referendare und an Lehrer[1], denen eine intensive Vorbereitung(-szeit) nicht möglich ist. Denn die Literatur zu Baudelaire und seinen Gedichten ist inzwischen so umfangreich und unüberschaubar geworden, dass sich der Verfasser auf Weniges, aber Wichtiges beschränkt. Dabei gibt er – im Unterricht vielfach erprobte – konkrete und detaillierte Hinweise u. a. zu Stil, Rhetorik, Syntax und Struktur von „A une Passante" (zumeist in Form von DIN-A-4-Abeitsblättern), ordnet dieses Gedicht in den literarischen Kontext ein und untersucht alle 74 Sonette der „Fleurs du Mal" auf ihre Reime. Zum Motiv der „Schönen Unbekannten" präsentiert er exemplarisch drei französische Texte des 19. und 20. Jahrhunderts, die z. T. auch in deutscher Übersetzung geboten und entsprechend analysiert und kommentiert werden: Musset, „Une soirée perdue", Echenoz, „Lac" und Gavalda, „Petites pratiques germanopratines"; dazu drei deutsche Texte aus der Gegenwart. Weitere motivgleiche französische Gedichte des 19. und 20. Jahrhunderts werden über die Bibliographieliste zugänglich gemacht: Nerval, „Une Allée du Luxembourg", Verlaine, „Mon rêve familier", Verlaine, „L'Allée", Rimbaud, „Vénus Anadyomène", Apollinaire, „Le pont Mirabeau", Michaux, „Ma vie" und Desnos, „J'ai tant rêvé de toi". Eine Zusammenstellung der vom Verfasser benutzten Literatur und der herangezogenen Übersetzungen von „A une Passante" schließt diese Arbeit ab.

„A une Passante" – ein spontaner Zugang

-A- Situation:

Paris ("Tableaux Parisiens"). Dominanz der <u>akustischen</u> Sinneseindrücke; zur Großstadt Paris vgl. vor allem Benjamin und Stierle (s. Lit.-Verz.); dazu Volker Klotz, Die erzählte Stadt, München: Carl Hanser 1969.

-B- Personen:

Die Frau (Häufle) *u. das lyr. Ich:*
- tolle Figur: longue, mine, jambe de statue
- prächtiger Schmuck: main fastueuse
- reizvolle Details der Kleidung: feston und ourlet
- graziöse Bewegung: agile, noble, balancer (soulever wg. Straßendreck)
- Trauer tragend: deuil, douleur majestueuse
-

Koketterie der Passantin: schwungvolles balancer / soulever: im Kontext ihrer Trauer ist das (damals) schockierend (Eros und Tod !).
Coup de foudre des Zusammentreffens mit der fugitive beauté wird wie ein Gewitter inszeniert. Semantisches Umfeld: <u>hurler</u> (primär a.d. Verkehr bezogen), <u>ciel livide où</u>...sich zusammenbrauender Sturm beim Anblick der Passantin, <u>éclair</u>: Blitz im Moment des Augenkontakts (coup de foudre), <u>nuit</u>: Dunkelheit nach Verlust der Passantin in der Menge

(Exkurs Vers 7: Das Auge als Spiegel der Seele: zum hier dominanten <u>optischen</u> Sinn: **direkt:** oeil,regard, voir usw.; **indirekt:** alles, was lyr. Ich „sieht"/beschreibt)

(Köhler): <u>deuil/douleur majestueuse:</u> Warum Trauer? Die düstere Faszination des Todes verstärkt den von der Frau ausgehenden Reiz. Dazu kommt: Frau als Vertreterin des héroïsme moderne de la douleur humaine.
<u>Douceur qui fascine et plaisir qui tue:</u> Affinität von Tod und Liebe = uraltes literarisches Thema. <u>Douceur</u> und <u>plaisir</u> thematisieren das Erscheinungsbild der gefährlichen Schönheit der in Trauer einherschreitenden Passantin.

(Vers 1-5: La notion de tristesse („grd. deuil") accompagne pour Baudelaire celle de beauté (Carlier/Dubosclard, S. 114)).

Das lyr. Ich und die Frau:
Crispé comme un extravagant
- <u>vagari:</u> Kytzler/Redemund, Unser tägliches Latein, Mainz 1992, S. 182 (Nr. 1013): umherziehen → extra + vagari (Mittellatein/Frz.): ausschweifen (extravagant: ausgefallen, ausschweifend)
- <u>extravagant</u>: ingouvernable par la raison (Carlier/IDubosclard, S. 114)
- Weitere Möglichkeit: extravagant als Abweichung vom normalen Weg → d.h. z.B. durch Rausch (hier nicht aufgrund Drogen/Alkohol, sondern Eros)
- <u>crispé comme un extravagant:</u> „verkrampft wie von Sinnen", „erotisch elektrisiert wie von Sinnen"; Weinrich: „Er krampft sich wie ein überspannter Phantast unter dem Zwang der Erscheinung zusammen."

5

Weitere latente Signale:

(deuil) – **dou / leur** - **dou / ceur:** lautliche Analogie ↔ inhalt. Kontrast
renaître (Geburt) und germer: Beides bedeutet „Entstehen", aber durch ciel livide
und ouragan wird germer negativ konnotiert (→ Todesmetaphorik in „…qui tue").
Éclair ↔ éternité: Minimum und Maximum an überhaupt denkbarer Zeitdauer
(nuit würde inhaltlich dann dem kursiv gesetzten *jamais* entsprechen: die unendliche
Dauer im Nichts/Dunkel: Also hell ↔ dunkel; ewig ↔ niemals)
(Vgl. hierzu auch die Raummetaphern, die nicht so extrem sind: ailleurs, bien loin
d'ici).

Fugitive beauté (Carlier/Dubosclard, S. 116):

a) la femme particulière (= **une** beauté) qui passe rapidement ("fugitive") son
chemin: konkret gewordener Eros (vgl. Vers 13: "…où tu fuis"!).
b) l'idée de beauté: das poetologische Moment

Weinrich: „Die Passantin als fugitive beauté ist über die Momentaufnahme ihrer
Erscheinung hinaus ewige Allegorie statuarischer Schönheit. So gehört sie der Ver-
gänglichkeit und der Unvergänglichkeit zugleich an. Sie ist die Möglichkeit des
Wirklichen. Die Masse aber ist für Baudelaire *nur* die Bedingung ihrer Erscheinung."

Vers 13: Chiasmus (siehe weiter unten!): „Car j'ignore…" je / tu --- tu / je: „deux
destins croisés et unis dans la fatalité de l'éloignement" (Carlier/Dubosclard, S. 117).

-C- Zweite Interpretationsebene:

„A une Passante" als Baudelaires Kunsttheorie u. Ästhetik interpretieren!
Ausgangspunkt: „fugitive beauté" (siehe u.a. Doetsch u. Stierle).

Weitere Interpretationsaspekte:

a) der Schock (s. dazu Walter Benjamin),
b) der Flaneur   „   „   „   und der Dandy,
c) die Moderne/la modernité: Bekanntlich beginnt i.d. Literatur die Moderne
   im Jahre 1857: im Roman mit Flauberts „Madame Bovary" und in der Lyrik
   mit Baudelaires „Les Fleurs du Mal".
   Zur modernité siehe H.R. Jauss, Literarische Tradition und gegenwärtiges
   Bewusstsein der Modernität, in: ders., Literaturgeschichte als Provokation,
   Frankfurt 2. Aufl.1970 (e.s. 418, S. 11-66); Hans-Ulrich Gumbrecht,
   Modern, Modernität, Moderne, in: Otto Brunner (Hg.), Geschichtliche
   Grundbegriffe. Historisches Lexikon zur politisch-sozialen Sprache in
   Deutschland, Stuttgart: Klett-Cotta 1978, S. 93-131.

Das Motiv „Die schöne Unbekannte"

Surrealismus

Mallarmé: Apparition

Verlaine: L'Allée

Verlaine: Mon rêve
familier

↑

Mythos Paris 17.-19. Jhdt. → **Baudelaire** → 20./21. Jhdt.

↑

Nerval: Une allée du
Luxembourg

Musset: Une soirée
perdue

↑

A une Passante

1 La rue assourdissante autour de moi hurlait.

2 Longue, mince, en grand deuil, douleur majestueuse,

3 Une femme passa, d'une main fastueuse

4 Soulevant, balançant le feston et l'ourlet;

5 Agile et noble, avec sa jambe de statue.

6 Moi, je buvais, crispé comme un extravagant,

7 Dans son œil, ciel livide où germe l'ouragan,

8 La douceur qui fascine et le plaisir qui tue.

9 Un éclair... puis la nuit! Fugitive beauté

10 Dont le regard m'a fait soudainement renaître,

11 Ne te verrai-je plus que dans l'éternité?

12 Ailleurs, bien loin d'ici! trop tard! *jamais* peut-être!

13 Car j'ignore où tu fuis, tu ne sais où je vais,

14 O toi que j'eusse aimée, ô toi qui le savais!

- -

I style binaire:

2 longue / mince	grand deuil / douleur majestueuse
4 soulevant / balançant	le feston / l'ourlet
5 agile / noble	
8 la douceur / le plaisir	qui fascine / qui tue
9 un éclair / la nuit	[inhaltl. Kontrast: "hell/dunkel"]
12 ailleurs / loin d'ici	trop tard / jamais
13 j'ignore / tu ne sais	où tu fuis / où je vais
14 O toi / ô toi	que j'eusse aimée / qui le savais

II Parallelismus und Chiasmus:

Mehrere Zitate zum "style binaire" können auch unter "Parallelismus" gefasst werden. In besonderer Weise zählen dazu: „la douceur qui fascine // le plaisir qui tue", „ailleurs, bien loin d'ici! // trop tard! *jamais* peut-être!", „j'ignore où tu fuis, // tu ne sais où je vais" und „O toi que j'eusse aimée, // ô toi qui le savais".

Als Chiasmus sind zu nennen „grand **deuil** // **douleur** majestueuse" und „**j'**ignore … tu... // tu... je vais". Als ‚phonetischen Chiasmus' könnte man den ersten Vers bezeichnen: „**rue**....as<u>sour</u>dissante // aut<u>our</u>....**hur**lait" (hervorgehoben: Binnenreim).

III Tempora:

Imparfait: hurlait: Zustand / Beschreibung / Hintergrund usw.
        buvais: imparfait dynamique (Confais) bzw. imparfait narratif (Klein / Kleineidam)
        savais: Zustand
p.simple: passa: (Neueintritt einer) Handlung / Vordergrund
p.composé: le regard m'a fait renaître: Wirkg. bis in die Gegenwart
futur: verrai-je…: Zweifel am Wiedersehen – Verschiebung a.d. Ewigkeit (Jenseits)
présent: germe, fascine, tue: generelle, zeitunabhängige Aussaagen
        ignore, fuis, sais, vais: Präsens der lebhaften Vorstellung / Wirkung eines Ereignisses bis in die Gegenwart
plus-que-parfait (subjonctif): j'eusse: Irrealis bzw. Konditionalis i.d. Vergangenheit

IV Zeit u. Raum, Tod u. Leben, akustische u. optische Sinneseindrücke, Bewegung (Dynamik):

ailleurs / loin: Raum, Ferne
puis / soudainement / éternité / tard / jamais: Zeit(-abfolge)
deuil / qui tue ↔ renaître: Tod und Leben
assourdissante / hurlait: den Menschen betäubender Lärm
œil / regard / verrai-je: der Blick, das Sehen
Passante / une femme passa / fugitive…/ tu fuis / je vais: (Fort-)Bewegung

V Dramatische Struktur:

Vers 1: Exposition / Ausgangssituation: lyr. Ich, Großstadt [Paris], Lärm
Vers 2-5: Porträt der schönen Unbekannten
Vers 6-9 (bis „puis la nuit"): Das moi lyrique und seine „Begegnung" mit der belle inconnue einschl. Wirkung dieser „Begegnung" („boire…")
Vers 9-14 (ab „Fugitive beauté"): Fortsetzg. der Wirkung dieser „Begegnung" („renaître"); appel / apostrophe et dialogue fictifs

VI Reimschema: abba / cddc / efe / fgg[2]

9

A une Passante

Zur dramatischen Struktur[3] in den beiden Quartetten (frz. „quatrains"):

A - Vers 1: La rue assourdissante autour de moi hurlait: Situativer Einstieg / Auftakt

B - Spannungsbogen I, Vers 2-5:

Longue
mince
en grand deuil
douleur majestueuse

une femme passa   *intransitive Konstruktion (d.h. ohne Objektergänzung)*

d'une main fastueuse
soulevant
balançant
le feston
l'ourlet
agile
noble
avec sa jambe de statue

C – Spannungsbogen II, Vers 6-8:

Moi, je buvais   *transitive Konstruktion,….*

crispé
    comme un extravagant   *(Vergleich)*
dans son oeil
      ciel livide   *(Apposition zu „oeil" führt zur Ver-*
        où germe l'ouragan   *längerg. des Spannungsbogens)*

la douceur   *….die ein compl.d'obj.direct erfordert*
    qui fascine et
le plaisir
    qui tue

©KlausBahners

10

Die Sonette in den „Fleurs du Mal"

In der Ausgabe von Crépet/Blin[4] gibt es 74 Sonette; das ist rd. die Hälfte aller Gedichte der „Fleurs du Mal".

In der folgenden Darstellung wird unter „Sonett" verstanden: Alle Gedichte zu 14 Zeilen (Verse), d.h. auch solche mit einem Nicht-Alexandriner als Vermaß und nicht unbedingt mit der klassischen Abfolge der 4 Strophen (d.h. zwei Quartette, zwei Terzette): L'Avertisseur (4/3/3/4) und Le Rebelle (3/3/4/4). Die Bezeichnung „Sonett" erfolgt auch unabhängig vom Reim (Reimart, Reimfülle, Reinheit des Reims, Reimanordnung usw.) und unabhängig vom Vers (Versbau, Hiatus, Zäsur, Enjambement usw.).[5]

Exemplarische Untersuchung des Reimschemas:
Die Anzahl der Reime in Baudelaires Sonetten schwankt zwischen 2 (min.) und 7 (max.) (bei einer Gedichtform mit 14 Versen kann es unter dem Gesichtspunkt des Reimes max. 7 verschiedene Reime geben).

1 Sonett mit **zwei** verschiedenen Reimen:
Nr. 64: Sonnet d' Automne: a b b a / a b b a / b a a / b a b

1 Sonett mit **drei** verschiedenen Reimen:
S. 353: Bien loin d'ici: a a a / b b b / a c a a / c a c c

1 Sonett mit **vier** verschiedenen Reimen:
Nr. 39: Je te donne ces vers...: a b b a / b a a b / a a c / d c d

29 Sonette mit **fünf** verschiedenen Reimen:

Nr. 7: La Muse malade: a b a b / a b a b / c c d / d e e
Nr. 8: La Muse vénale, S. 354 Le Gouffre: a b b a / b a a b / c c d / e e d
Nr. 9: Le mauvais Moine, Nr. 61: A une Dame créole, Nr. 75: Spleen (Pluviôse....),
Nr. 122: La Mort des Pauvres, S. 345 Le Couvercle: a b a b / a b a b / c c d / e e d
Nr. 12: La Vie antérieure, Nr. 38 II: Le Parfum: a b b a / b a a b / c d d / c e e
Nr. 13: Bohémiens en voyage: a b b a / a b b a / c c d / e e d
Nr. 22: Parfum exotique, Nr. 26: Sed non satiata, Nr. 37: Le Possédé, Nr. 38 III: Le Cadre, S. 357: La Lune offensée: a b b a / a b b a / c c d / e d e
Nr. 33: Remords Posthume, S. 337: Epigraphe pour un livre...:
    a b b a / a b b a / c d c / d e e
Nr. 59: Sisina, Nr. 121: La Mort des Amants, Nr. 125: Le Rêve d'un Curieux, S. 356:
Recueillement: a b a b / a b a b / c c d / e d e
Nr. 68: La Pipe, Nr. 123: La Mort des Artistes: a b b a / a b b a / c d d / c e e
Nr. 82: Horreur sympathique, Nr. 112: Les deux bonnes soeurs:
    a b a b / a b a b / c d d / c e e
Nr. 101: Brunes et Pluies, Nr. 113: La Fontaine de Sang:
    a a b b / a a b b / c d d / c e e
S. 327: Sur les débuts...: a a b b / a a b b / c c d / e d e

11

12 Sonette mit **sechs** verschiedenen Reimen:

Nr. 19: La Géante, Nr. 72: Le Mort Joyeux: a b a b / c b c b / d d e / f e f
Nr. 27: Avec ses vêtements…: a b a b / c b c b / d e e / d f f
Nr. 32: Une nuit que j'étais…: a b b a / a c c a / d e e / d f f
Nr. 38 I: Les Ténèbres: a b b a / c d d c / e c e / c f f
Nr. 69: La Musique, Nr. 73: Le Tonneau de la Haine: a b a b / c b c b / d e d / e f f
Nr. 81: Alchimie de la Douleur: a b b a / c d d c / e e f / e f f
Nr. 92: Les Aveugles: a b b a / c d d c / e e f / e e f
Nr. 108: Le Vin des Amants: a a b b /c c b b / d e d / e f f
Nr. 124: La Fin de la Journée: a b a b / c d c d / e f e / f f e
S. 338: A Théodore de Banville: a b b a / c d d c / e e d / f f d

30 Sonette mit **sieben** verschiedenen Reimen:

Nr. 4: Correspondances, Nr. 17: La Beauté, Nr. 93: **A une Passante:**
   a b b a /c d d c / e f e / f g g
Nr. 10: L'Ennemi, Nr. 42:Que diras-tu ce soir…, Nr. 109: La Destruction:
   a b a b / c d c d / e e f / g f g
Nr. 11: Le Guignon, Nr. 107: Le Vin du Solitaire, S. 267: Le Coucher du Soleil…:
   a b b a / c d d c / e e f / g g f
Nr. 18: L'Idéal, Nr. 40: Semper Eadem, Nr. 65: Tristesse de la Lune, Nr. 70:
   Sépulture, S. 352: Le Rebelle:
   a b a b / c d c d / e e f / g g f
Nr. 30: De Profundis clamavi: a b b a / c d d c / e e f / f g g
Nr. 34: Le Chat, Nr.35: Duellum, Nr. 38 IV: Le Portrait, Nr. 43: Le Flambeau Vivant,
   Nr. 55: Causerie:
   a b a b / c d c d / e f e / f g g
Nr. 46: L' Aube Spirituelle: a b b a / c d d c / e f f / e g g
Nr. 63: Le Revenant: a a b b / c c d d / e e f / g g f
Nr. 66: Les Chats, Nr.67: Le Hiboux:
   a b b a / c d d c / e e f / g f g
Nr. 71: Une Gravure Fantastique, S. 310: Sur "Le Tasse…"…:
   a a b b / c c d d / e e f / f g g
Nr. 74: La Cloche Fêlée, S. 344: La Prière d' un Païen:
   a b a b / c d c d / e e f / f g g
Nr. 79: Obsession: a b a b / c d c d / e f f / e g g
S. 350: L'Avertisseur: a b b a / c c d / e e d / f g g f

<u>Abweichungen von den klassischen Reimvorschriften</u> („unreine Reime"):

-a- unter dem Gesichtspunkt der Phonetik (gleicher Laut):

Nr. 8 (palais / violets; guère / vulgaire); Nr. 9 (faire / misère); Nr. 30 (j'aime / blasphème; terre / plaire; Chaos / animaux); Nr. 33 (poète / imparfaite); Nr. 38 I (relégué / gai); Nr. 38 II (alcôve / fauve), Nr. 42 (solitiare / chère); Nr. 55 (pâme / femme); Nr. 61 (retraites / poètes), Nr. 67 (rangés / étrangers; passe / place); Nr. 72 (Verse 5 u. 7 reimen auf Verse 1 und 3 oder eigenständige Reime ?); Nr. 82 (reflet / plaît); Nr. 93 (renaître / peut-être); Nr. 109 (femmes / infâmes); Nr. 112 (attraits / cyprès); Nr. 124 (repos / dos / rideaux); S. 337 (doyen / rien); S. 338 (pore / Centaure); S. 345 (sédentaire / mystère); S. 350 (jaune / trône); S. 352 (aigle / règle; grimace / passe; aime / anathème); S. 356 (Reimen tranquille und ville auf vile und servile ?); S. 357 (pères / repaires);

-b- unter dem Gesichtspunkt der Graphik (gleiche Schreibweise):

Nr. 40: Semper Eadem: tous / vous;
Nr. 74: La Cloche Fêlée: hiver / élever
(Vgl. hierzu Elwert, Französische Metrik, Kap. III,7, bes. § 143)

<u>„A une Passante" als Sonett – Syntax, Sinnabschnitte, Strophenbau:</u>

I. La rue assourdissante // autour de moi hurlait.	Vers 1
II. Longue, mince, en grand deuil // douleur majestueuse,	2
Une femme passa // d'une main fastueuse	3
Soulevant, balançant // le feston et l'ourlet;	4
Agile et noble avec // sa jambe de statue.	5
III. Moi, je buvais, crispé // comme un extravagant,	6
Dans son œil, ciel livide // où germe l'ouragan,	7
La douceur qui fascine // et le plaisir qui tue.	8
IV. Un éclair…puis la nuit! //	9
V. a) - Fugitive beauté,	9
Dont le regard m'a fait // soudainement renaître,	10
Ne te verrai-je plus // que dans l'éternité?	11
b) Ailleurs, bien loin d'ici! // trop tard! jamais peut-être!	12
Car j'ignore où tu fuis // tu ne sais où je vais,	13
O toi que j'eusse aimée, // ô toi qui le savais!	14

Kurzer Kommentar:

Die Kopie des Textes weicht in erheblicher Weise von der klassischen Darstellung ab: Ich habe die 14 Verse in fünf Hauptabschnitte eingeteilt, und zwar nach der syntaktischen Struktur des Textes; Abschnitt V kann man, wenn man will, noch einmal in die Unterabschnitte a) und b) einteilen. Diese syntaktische Struktur (Satzbildung) ist mit der semantischen Struktur identisch: I ist situativer Einstieg; II ist das Porträt der schönen Unbekannten; III ist die Reaktion des lyrischen Ich; IV ist eine Exklamation; V ist der fiktive Dialog zwischen dem lyrischen Ich und der schönen Unbekannten – eher als Monolog zu bezeichnen, denn wenn sie ihn überhaupt wahrnimmt (Vers 10 – „regard" – und Vers 14 – „qui le savais" - scheinen dies zu bestätigen), ist es ausgeschlossen, dass sie mit ihm „spricht".

Im Gegensatz zu der erläuterten graphischen Anordnung habe ich die Zäsur (durch // gekennzeichnet) jeweils nach der 6. Silbe – wie der klassische Alexandriner das vorschreibt – belassen. Auf diese Weise wird ganz deutlich, wo sich Baudelaire dem klassischem Schema noch voll verbunden fühlt (z.B. Verse 8, 12, 13, 14) und wo er in ganz entscheidendem Maße davon abweicht: z.B. Vers 6: Da reißt er das „crispé // comme un extravagant" auseinander. Gleiches gilt für Vers 5 („... avec // sa jambe...") und Vers 10 („... m' a fait // soudainement renaître"). Oder anders formuliert: Hier setzt er sich über die klassische Zäsur in der Mitte des Alexandriners, also nach der 6. Silbe, hinweg. Von der traditionellen „charnière" (Vers 8) und „chute" (Vers 14) kann man dagegen wohl sprechen.

Über die z. T. eigenwillige Reimbildung ist oben schon Einiges gesagt worden. Zu „A une Passante" sei nur angemerkt, dass die Reime in Vers 1 und 4 streng genommen nicht klassisch sind.

Als Resümee: Es bestätigen sich also in den „Fleurs du Mal" (z. T. eben auch in „A une Passante") die meisten der von Elwert[6] herausgefundenen Varianten: a) Ersatz des umschlungenen Reims („rimes embrassées") (a b b a / a b b a) durch den gekreuzten Reim („rimes croisées") (a b a b / a b a b); b) ungleicher Bau der beiden Vierzeiler; c) Einführung neuer Reime für den zweiten Vierzeiler; d) heterometrischer Bau; e) Veränderung der Stellung der Terzette.

Alfred de Musset: "Une soirée perdue", Verse 23-28, 33-36 und 70-84[7]

„Enfoncé que j'étais dans cette rêverie,
Çà et là, toutefois, lorgnant la galerie,
Je vis que, devant moi, se balançait gaîment
Sous une tresse noire un cou svelte et charmant;
Et, voyant cet ébène enchâssé dans l'ivoire,
Un vers d'André Chénier chanta dans ma mémoire,
...

.   ...je murmurais tout bas,
Regardant cette enfant, qui ne s'en doutait guère:
"Sous votre aimable tête, un cou blanc, délicat,
Se plie, et de la neige effacerait l'éclat."
...

Devant moi, cependant, à côté de sa mère,
L'enfant restait toujours, et le cou svelte et blanc
Sous les longs cheveux noirs se berçait mollement.
Le spectacle fini, la charmante inconnue,
Se leva. Le beau cou, l'épaule à demi nue
Se voilèrent; la main glissa dans le manchon;
Et, lorsque je la vis au seuil de sa maison
S'enfuir, je m'aperçus que je l'avais suivie.
Hélas! mon cher ami, c'est là toute ma vie.
Pendant que mon esprit cherchait sa volonté,
Mon corps avait la sienne et suivait la beauté;
Et quand je m'éveillai de cette rêverie,
Il ne me restait plus que l'image chérie:
"Sous votre aimable tête, un cou blanc, délicat,
Se plie, et de la neige effacerait l'éclat."

Anlässlich eines (fiktiven) Theaterbesuchs verfasst Musset dieses aus 84 Versen bestehende Gedicht. Die Aufführung scheint ihn so wenig zu fesseln, dass er gedanklich abschweift („rêverie", Vers 23) und sich lieber die Zuschauer ansieht („lorgnant la galerie"). Da entdeckt er einen „cou svelte et charmant", der sich unter einer „tresse noire" fröhlich hin und her bewegt („balançant" wie in „A une Passante"; „svelte" entspricht dort dem „mince"). Die „tresse noire" wird durch „ébène", der „cou" durch „ivoire" wieder aufgegriffen – eine Anspielung auf höchst wertvolle Materialien (vgl. die „jambe de statue" bei Baudelaire - und den „front de marbre" in seinen „Petites Vieilles" -, vielleicht aus edlem Marmor ?). Mehr für sich selbst als für dieses „enfant", das nichts erahnt, zitiert er den Chénier-Vers, der ihm plötzlich (eine „mémoire involontaire" !) in den Sinn kommt.

Am Schluss werden seine eingangs gemachten Beobachtungen wiederholt bzw. variiert („l'enfant", „cou svelte et blanc", „les longs cheveux noirs", „se berçait"); aus dem passé simple („je vis" ~ „ich erblickte") wird das einen Zustand oder eine wiederholte Handlung beschreibende imparfait („restait", „berçait"). Neu ist der Hinweis auf die die schöne Unbekannte („la charmante inconnue") begleitende Mutter („à côté de sa mère"). Am Ende des Theaterstückes erheben sich Mutter und Tochter, um den Saal zu verlassen. Dies ermöglicht dem lyrischen Ich neue Erkenntnisse optischer Art: „le beau cou" und „l'épaule à demi nue" werden verhüllt; die Hand gleitet in den Muff. Das lyrische Ich – so muss man aus der Bemerkung „je la vis au seuil de sa maison s'enfuir" schließen – geht den beiden wie in Trance nach (wobei natürlich die Mutter völlig außer Acht bleibt), ohne dass ihm dies bewusst ist („je m'aperçus que je l'avais suivie"); erst im nachhinein (Plusquamperfekt des Verbs „suivre") wird ihm dies klar.

Und die Moral von der Geschichte? Der Theaterbesucher beklagt sich bei seinem fiktiven „cher ami", dass sein ganzes Leben so sei: Geist und Körper gehen nicht dieselben Wege: Die Schönheit verlockt ihn („Mon corps … suivait la beauté"). Aber das Ganze war bloß ein Traum („rêverie", Vers 81), und beim Erwachen bleibt ihm nur das Bild der Angebeteten („l'image chérie"), was ihn dazu verleitet, abschließend Chéniers Vers noch einmal zu zitieren.

Bis auf das Motiv der schönen Unbekannten und einzelne identische bzw. zumeist semantisch verwandte Begriffe ist der Unterschied zu Baudelaires „A une Passante" eklatant: Vor allem fehlt Mussets Versen das Blitzartige, Spontane, auf den Moment Zugeschnittene der „Begegnung", außerdem ist der Anblick doch sehr einseitig – von der Möglichkeit eines gegenseitigen Aufflammens der Liebe ist Musset meilenweit entfernt. Man hat eher den Eindruck, dass es sich um eine von vielen verpassten Gelegenheiten handelt (außerdem ist die Aufpasserin des doch sehr jungen Mädchens – zweimal „enfant" genannt – dabei), während bei Baudelaire es sich um ein zentrales Ereignis in seinem Leben handelt. Seine Passantin ist von einer ganz anderen Qualität, und die Begegnung mit ihr ist für das lyrische Ich wie eine Neugeburt („renaître"). Auch ist die Spannung zwischen Hoffnung und Enttäuschung, zwischen hell und dunkel, zwischen nah und fern, zwischen jetzt und ewig viel größer („éclair" ↔ „nuit") und pointierter als bei Musset. Dies liegt z.T. an der vorgegebenen Situation: Die räumliche Immobilität („enfoncé") der Theaterbesucher einer- und die zeitliche Ausdehnung einer Aufführung andererseits verhindern jede Spontaneität; sie verlängern nur die Möglichkeiten der objektiven Wahrnehmung und Beobachtung und der Darstellung der eigenen Gedanken und Gefühle während dieser Zeit. Aber all dies ändert nichts daran: Der ganze Theaterbesuch ist und bleibt für das lyrische Ich „une soirée perdue".

Jean Echenoz, „Lac"[8]

„La dixième jeune femme après le rond-point qui remontera l'avenue à sa rencontre, celle que protège de l'averse mourante un foulard acrylique polychrome dont les motifs résument un exploit de Tarzan, Chopin va la regarder comme les autres – or voici qu'à peine croisés leurs yeux se posent et ne se détachent plus, deviennent un seul regard qui les enveloppe, les réchauffe, dure longtemps, Chopin est très ému, l'amour à première vue, le souffle manque et vogue la pression artérielle, aïe mon coeur se déchire ay ay je suis brisé. Elle est passée, plus éclatante que la plus explosive hôtesse de chez Maserati.
Tout cela s'étant quand même produit à la vitesse de la lumière, ce regard étant à forte puissance de choc et de pénétration, Chopin demeure une seconde interdit, privé de la moindre suite dans les idées, et lorsqu'il se retourne elle n'est plus là."

Franck Chopin ist zu Fuß unterwegs auf den Champs-Elysées in Richtung Place de la Concorde, als ihm die schöne Unbekannte begegnet: Er hatte sich vorher schon darüber ausgelassen, dass bei Regenwetter die Menschen in die in den 60er und 70er Jahren dort entstandenen riesigen Ausstellungshäuser berühmter, auch ausländischer Automarken (wie z.B. Maserati u. Mercedes) flüchten. Inzwischen hat er den Rond Point des Champs-Elysées hinter sich gelassen und kommt in den unbewohnten Parkbereich, der sich weiter bis zur Place de la Concorde und dann in die Tuilerien erstreckt. Auch die junge Frau versucht sich vor dem Regenschauer zu schützen, und zwar mit einem „polychromen Kopftuch aus Acryl", „dessen Motive ein Kunststück Tarzans kurz zusammenfassen" – das ist doch mal eine extravagante Beschreibung! Man könnte darüber zur Tagesordnung übergehen, aber nein! Ihre Blicke kreuzen sich und „werden zu einem einzigen Blick". Die Wirkung dieser Begegnung auf Chopin ist ungeheuerlich – weniger eine ästhetische, sondern vielmehr eine psychische und physische: Er ist „ému"; es scheint sich um „Liebe auf den ersten Blick" zu handeln; der Atem setzt aus; das Blut wallt; sein Herz zerreißt, nachdem sie beide von diesem gegenseitigen Anblick gefangen genommen und erwärmt worden waren. Aber wie das typisch ist für die Begegnung mit der schönen Unbekannten: Da ist sie auch schon vorbei, die Schöne, die „noch funkelnder" ist „als die explosivste Hostesse von Maserati". Andererseits entspricht ihr Porträt nicht dem traditionellen Schönheitsideal: ein mehrfarbiges Kopftuch aus einem der chemischen Industrie zu verdankenden Material, und dann noch mit Tarzanmotiven, hat wohl für den Mann mit Niveau nichts Verlockendes (Bruch des Erwartungshorizontes des Lesers !). Aber das ist hier wohl nicht das Entscheidende, sondern der mehrfach zitierte blitzschnelle („Lichtgeschwindigkeit") Blick mit seiner „potenzierten Kraft eines schockhaften Eindringens" trifft Chopin emotional und verwirrt ihn derart, dass sein Verstand aussetzt, wenn auch nur für einen kurzen Augenblick. Aber da ist sie – wie gesagt („elle est passeé") – schon vorüber: „elle n'est plus là". Wird er sie wiedersehen? In einer Großstadt wie Paris – wo die französischen Modelle der „schönen Unbekannten" in der Regel zu Hause sind – ist das eher unwahrscheinlich. Da hier im Textauszug aber alles Superlativ ist (im großen wie im kleinen), ist eine Wiederbegegnung nicht unmöglich.

Anna Gavalda, "Petites pratiques germanopratines"[9]

"Donc, ce matin, j'ai croisé un homme sur le boulevard Saint-Germain. Je remontais le boulevard et lui le descendait. Nous étions du côté pair, le plus elegant. Je l'ai vu arriver de loin. Je ne sais pas, sa démarche peut-être, un peu nonchalante ou les pans de son manteau qui prenaient de l'aisance devant lui... Bref, j'étais à vingt mètres de lui et je savais déjà que je ne le raterai pas. Ça n'a pas loupé, arrivé à ma hauteur, je le vois me regarder. Je lui décoche un sourire mutin, genre flèche de Cupidon mais en plus réservé. Il me sourit aussi. En passant mon chemin, je continue de sourire, je pense à *La Passante* de Baudelaire (déjà avec Sagan tout à l'heure, vous aurez compris que j'ai ce qu'on appelle des références littéraires!!!). Je marche moins vite car j'essaye de me souvenir....*Longue, mince, en grand deuil*...après je ne sais plus.... après...*Une femme passa, d'une main fastueuse, soulevant, balançant le feston et l'ourlet... et à la fin... O toi que j'eusse aimée, ô toi qui le savais*. A chaque fois, ça m'achève. Et pendant ce temps-là, divine candeur, je sens le regard de mon saint Sébastien (rapport à la flèche, eh! Il faut suivre hein!?) toujours dans mon dos. Ça me chauffe délicieusement les omoplates mais plutôt crever que de me retourner, ça gâcherait le poème."

Mit Anna Gavaldas Erzählung sind wir in der Gegenwart angekommen. In ihrem fiktiven Dialog („vous aurez compris", „il faut suivre, hein !?") mit dem Leser – ähnlich wie bei Musset – schildert die junge Frau ihre Begegnung mit dem (!) schönen Unbekannten auf der Nord- (d.h. der eleganteren) Seite des Bvd. St. Germain etwa in Höhe der Rue des Saints-Pères, an der Grenze des 6. und 7. Arrondissements von Paris. Da ist wieder die Großstadt-atmosphäre, diesmal aber mit genauer lokaler Angabe: Die Protagonistin kann sich nicht vorstellen, dass das, war ihr passieren wird, auf dem eher verrufenen Bvd. de Clichy (Montmartre!) geschehen könnte, womit sie indirekt auf ihre – und wohl auch auf die des unbekannten Mannes – sozio-kulturelle Zugehörigkeit und natürlich auf ihre durch Emanzipation erworbene Gleichberechtigung anspielt. Interessant sind in diesem Text ihre direkten literarischen Bezüge zu Simone de Beauvoir, Françoise Sagan und Charles Baudelaire und die Hinweise auf Amor und den heiligen Sebastian, die auf ihre klassischen Bildungsreminszenzen verweisen. Baudelaires „A une Passante" kann sie – zumindest rudi-mentär – sogar noch auswendig: ihre Schul- (und gegebenenfalls Studien-) Zeit dürfte(n) noch nicht lange zurückliegen (an späterer Stelle deutet sie kurz an, dass sie im Pariser Verlagswesen arbeitet). Ähnlich wie das Chénier-Zitat bei Musset, so scheint auch der Protagonistin Baudelaires Gedicht nicht ganz unwichtig zu sein: sie bezieht diesen fiktionalen Text doch auf ihre persönliche (d.h. außerliterarische) Wirklichkeit („A chaque fois, ça m'achève" und „ça gâcherait le poème"), die sie dem Gedichtausgang – zumindest anfänglich – anpassen will, wobei diese „außerliterarische Wirklichkeit" selbst wiederum Teil des fiktionalen Textes ist. Von ihrer Eroberung erfährt man in diesem Textauszug wenig – das Porträt des Mannes bleibt dürftig. Um große Liebe wird es ohnehin nicht gehen, sondern allenfalls um ein kleines (wahrscheinlich eines von vielen !) erotisches Abenteuer mit einem zuerst noch Unbekannten, von dem wir noch nicht einmal wissen, ob er schön ist. Wie das Ganze ausgeht? So viel sei verraten: Es wird, wie bei Musset, eine „soirée perdue" geben. Interessant wäre eine Textvariante, wo er der Erzähler ist, nicht nur wegen des traditionellen Motivs der (!) schönen Unbekannten, die ihm auf dem Bvd. St. Germain begegnet.

Robert Gernhardt, "Doppelte Begegnung am Strand von Sperlonga"[10]

„Die Sonne stand schon tief.
Der Strand war weit und leer.
Schräg ging mein Schatten vor mir her,
indes der deine lief.

Du warst mir unbekannt.
Ihr nähertet euch schnell.
Dein Schatten dunkel und du hell,
so kamt ihr übern Sand.

Sehr schön und ziemlich nackt
liefst du an mir vorbei.
Da warn die Schatten nicht mehr zwei,
sie deckten sich exakt.

Wir sahn euch lange nach.
Ihr drehtet euch nicht um.
Ihr lieft, du und dein Schatten, stumm,
von uns sprach einer: Ach."

Werner Ross: „Ach sagt alles"

„(...) Einer („ich") geht an der Küste bei Rom am Spätnachmittag am Strand entlang.
Eine („du") überholt ihn laufend. Er bemerkt, dass sie „sehr schön" ist. ...Einen
Augenblick lang ... sind ... ihre Schatten vereint. ... Das Motiv ist nicht blind, sondern
durch ein großes Vorbild in seiner Fruchtbarkeit bestätigt – in dem Baudelaire-
Gedicht *A une passante*, „An eine, die vorüberging". ... Was damals passierte, ist nur
durch den Rückgriff auf die Mythologie zureichend zu erklären. Wie nur eh und je,
offenbart sich das Göttliche in der überwältigenden Schönheit. Es steigt, oder besser:
es stürzt hernieder. Das heißt Epiphanie. Es ist der Gott mit dem Blitz, der *coup de
foudre*, den die Deutschen verharmlosend „Liebe auf den ersten Blick" nennen. (...)"

Annonce in *Münchner Neueste Nachrichten* vom 8.12.1930:

„Jenes bildhübsche Fräulein etwa 18 J. alt, 1,65 m gr., schmales Gesicht, edlen Gesichtsausdruck (rote Mütze, dunklen, getupften Mantel, helle Lederhandschuhe, helle Schuhe tragend), das letzten Samstag nach ½ 6 Uhr abds. am Stachus aus dem 1. Wagen d. Tramb. (L. 20) stieg u. v. am Sendlingertorplatz zugestieg. jg. Herrn (m. Reisetasche u. Zeitung i.d. Hand) beobachtet u. bewundert wurde, wird herzlich um d. Erlaubnis gebeten, es wiedersehen od. mit ihm in Briefwechsel tret. z.d. Suchender würde sich glückl. schätzen, wenn er eine freundl. u. zusagende Antw. bekäme unter „Ideal 289 216" an d. M. Neuest. Nachr."

„Danke, Unbekannte

für Ihr Lächeln, als wir einander am Samstag, 13. Januar, etwa 15.00 Uhr vor dem Yachtclub an der Rotterdamer Straße begegneten. Ich trug Lederjacke und helle Hose, Sie hielten in der rechten Hand den Schlüssel zu dem Auto, mit dem Sie davonfuhren, gerade als ich Sie ansprechen wollte. Ich würde gerne am kommenden Samstag oder Sonntag am selben Ort etwa zur gleichen Stunde zurücklächeln."

Benutzte Literatur (in chronologischer Reihenfolge):

Walter Benjamin, Über einige Motive bei Baudelaire, in: ders., Illuminationen. Ausgewählte Schriften, Frankfurt: Suhrkamp 1961, S. 201-245 (hier: Abschnitt V).

Ders., Charles Baudelaire. Ein Lyriker im Zeitalter des Hochkapitalismus. Zwei Fragmente, Franfurt: Suhrkamp 1969.

Kurt Reichenberger, Die Schöne Unbekannte. Realismus und Symbolhaftigkeit in den „Fleurs du Mal", ZFSL 71 (1961), S. 129-147.

Pierre Michelin, Etudes Françaises. Gedichtsammlung. Notes pour l'explication des textes, Stuttgart: Klett 1970, S. 29-30.

Klaus Bahners, charme – choc – chimère oder Wirkung und Wandlung der schönen Unbekannten, Die Neueren Sprachen 70 (1971), S. 85-101 (Interpretierte Texte außer A une Passante: Nerval, Une Allée du Luxembourg; Verlaine: Mon rêve familier; Verlainie: L'Allée; Desnos: J'ai tant rêvé de toi).

Ders., Zum Motiv der „Schönen Unbekannten" von Nerval bis Michaux. Aspekte der französischen Lyrik von 1830 bis 1930 in der Unterprima eines neusprachlichen Mädchengymnasiums. Schriftliche Hausarbeit zur Pädagogischen Prüfung für das Lehramt am Gymnasium, Essen 1971(Behandelte Texte außer A une Passante: Nerval: Une Allée du Luxembourg; Verlaine: L'Allée; Rimbaud: Vénus Anadyomène; Desnos: J'ai tant rêvé de toi; Michaux: Ma vie; Apollinaire: Le pont Mirabeau).

Harald Weinrich, Baudelaire-Lektüre, in: ders., Literatur für Leser. Essays und Aufsätze zur Literaturwissenschaft, Stuttgart: Kohlhammer 1971, S. 85-108 (hier: Abschnitt III).

Eva-Maria Knapp-Tepperberg, Baudelaire: „A une Passante", GRM Bd. 24 (1974), S. 182-192.

Walter Eckel / Thomas M. Scheerer, A travers la poésie française. Analyses. Stuttgart: Klett 1985, S. 68-69.

Erich Köhler, Vorlesungen zur Geschichte der Französischen Literatur. Das 19. Jahrhundert III, Stuttgart: Kohlhammer 1987, S. 47 ff., bes. S. 52-56.

Heinrich Häufle, Nervals und Baudelaires ‚Schöne Unbekannte'. „Une allée du Luxembourg" und „A une passante" im Vergleich, Die Neueren Sprachen 88 (1989), S. 590-606.

Marie Carlier / Joël Dubosclard, Les Fleurs du Mal – Le Spleen de Paris. 20 poèmes expliqués, Paris: Hatier 1992 (coll. profil littéraire 141/142), S. 111-117.

Karlheinz Stierle, Der Mythos von Paris. Zeichen und Bewusstsein der Stadt, München: Hanser 1993, S. 789-811.

Werner Ross, Baudelaire und die Moderne. Porträt einer Wendezeit, München/Zürich: Piper 1993 (Serie Piper 1855), bes. Kap. III,3 (S. 135 ff.). Vgl. zum Thema der alten Frauen in Baudelaires Tableaux Parisiens: Klaus Bahners, Charles Baudelaire: Les Petites Vieilles III, in: Hans Hinterhäuser (Hg.), Die französische Lyrik von Villon bis zur Gegenwart II, Düsseldorf: Bagel 1975, S. 29 ff. u. S. 364 ff.

Frank Wanning, Französische Literatur des 19. Jahrhunderts, Stuttgart: Klett 2003, S. 137-138.

Hermann Doetsch, Flüchtigkeit. Archäologie einer modernen Ästhetik bei Baudelaire und Proust, Tübingen: Gunter Narr 2004 (bes. S. 95-203).

Vittoria Borsò, Baudelaire, Benjamin und die Moderne(n), in: Bernd Kortländer / Hans T. Siepe (Hg.), Baudelaire und Deutschland – Deutschland und Baudelaire, Tübingen: Gunter Narr 2005, S. 105-125, bes. S. 116-121.

Benutzte Übersetzungen (Übertragungen, Nachdichtungen usw.) (in alphabetischer Reihenfolge der Übersetzer):

Walter Benjamin: Charles Baudelaire. Tableaux Parisiens, Frankfurt: Suhrkamp 1963 (e.s. 34), S. 57.

Walter Richard Berger, Charles Baudelaire: Die Blumen des Bösen, München: Heyne 1982 (Heyne Lyrik Nr. 33), S. 115.

Charles Baudelaires, Les Fleurs du Mal – Die Blumen des Bösen, Übersetzung von Monika Fahrenbach-Wachendorff, Stuttgart: Reclam 1980 (reclam 9973), S. 193.

Carl Fischer, Charles Baudelaire: Die Blumen des Bösen, Neuwied/Berlin: Luchterhand 1966, S. 31.

Friedhelm Kemp (Hg.), Charles Baudelaire: Gedichte, Frankfurt 1958 (Insel-Bücherei 119), S. 62 (übers. V. Ernst Fischer).

Friedhelm Kemp, Charles Baudelaire: Les Fleurs du Mal / Die Blumen des Bösen, Frankfurt: Fischer 1966 (Fischer TB 737), S. 159.

Friedhelm Kemp / Hans T.Siepe (Hg.), Französische Dichtung. Dritter Band: Von Baudelaire bis Valéry, München 1991 (dtv 2290), S. 27 (übers. von F. Kemp und H.T.Siepe).

Charles Baudelaire, Die Blumen des Bösen, ins Deutsche übertragen von Therese Robinson, München: Georg Müller o.J., S. 193.

Carlo Schmid, Charles Baudelaire, Die Blumen des Bösen, München: Goldmann o.J. (Goldmanns Gelbe Taschenbücher Nr. 535), S. 92.

Zum Autor (Klaus Bahners) vgl. Kürschners Deutscher Sachbuchkalender 2. Jahrgang 2003/2004, Bd. I, S. 29.

---

[1] Die maskuline Form soll beide natürlichen Geschlechter umfassen.
[2] Wanning, a.a.O., S. 137, schreibt fälschlicherweise: a b b a / c d d c / e f e / g h h. Dadurch würden in „A une Passante" zwei reimlose Verse (Vers 10 u. 12) entstehen, was in allen 74 Sonetten an keiner Stelle der Fall ist!
[3] Vgl. Klaus Bahners, Strukturanalysen und Strukturbilder im Französischunterricht der Sekundarstufe II, französisch heute 10 (1979), S. 265 ff.
[4] Charles Baudelaire, Les Fleurs du Mal, édition critique Jacques Crépet / Georges Blin, Paris: Corti 1968.
[5] Vgl. exemplarisch: Theodor Elwert, Französische Metrik, München: Hueber 1961; Jean Prévost, Baudelaire. Essai sur la création et l'inspiration poétiques, Paris: Mercure de France 1967, bes. Kap. 23 (S. 255-281).
[6] Elwert, a.a.O., S. 167-168.
[7] Marcel Arland, Anthologie de la Poésie française, Paris: Stock 1956, S. 580-583; Text auch in: Lagarde/Michard, Les grands auteurs français du programme, XIXième siècle, Paris: Bordas 1969, S. 229-230.
[8] Jean Echenoz, Lac, Paris: Editions de Minuit 1989/2008, coll. Double, S. 21. Deutsch: Jean Echenoz, See, a. d. Französischen von Christiane Baumann, Stuttgart: Klett/Cotta 1991, S. 17-18.
Übersetzung des Textauszuges: „Die zehnte junge Frau nach dem Rond-Point, die ihm auf der Avenue entgegenkommen wird, diejenige, die vor dem sterbenden Regenschauer durch ein polychromes Kopftuch aus Acryl geschützt wird, dessen Motive ein Kunststück Tarzans kurz zusammenfassen, Chopin wird sie betrachten wie alle anderen – aber kaum haben sich ihre Blicke gekreuzt, heften sie sich fest und lassen sich nicht mehr los, werden zu einem einzigen Blick, der lange anhält und sie umhüllt, erwärmt, Chopin ist sehr gerührt, Liebe auf den ersten Blick, still steht der Atem, es wallt der Blutdruck, o weh, mein Herz zerreißt, o weh, ich bin zerbrochen. Vorbei ist sie, noch funkelnder als die explosivste Hostesse von Maserati.
Da sich all dies mit Lichtgeschwindigkeit ereignete, da dieser Blick die potenzierte Kraft eines schockhaften Eindringens hatte, ist Chopin für einen Augenblick wie vor den Kopf gestoßen, seines gesamten Denkvermögens beraubt, und als er sich umdreht, ist sie nicht mehr da."
[9] Anna Gavalda, Petites pratiques germanopratines, in: dies., Je voudrais que quelqu'un m'attende quelque part, Stuttgart: Reclam 2003, S. 5-21, hier S. 6-7. Deutsch: Anna Gavalda, Kleine Praktiken aus Saint-Germain, in: dies., Ich wünsche mir, dass irgendwo jemand auf mich wartet, Frankfurt (Fischer TB 15802), S. 9-20, hier S. 9-10. In „germanopratin,e" steckt – außer [Saint-]Germain - auch lat. „pratum,i" ~ die Wiese (also das „pré" von „St.Germain-des-Prés").
Übersetzung des Textauszuges: „Also, heute morgen bin ich auf dem Boulevard Saint-Germain einem Mann begegnet.
Ich ging den Boulevard hinauf und er hinunter. Wir befanden uns auf der geraden Seite, der eleganteren.
Ich habe ihn von weitem kommen sehen. Ich weiß nicht, warum, vielleicht sein etwas lässiger Gang, der Mantel, der ihn elegant umwehte. Kurz und gut, ich war zwanzig Meter von ihm entfernt und wusste, dass ich ihn mir angeln würde.
Und es hat geklappt, als er auf gleicher Höhe mit mir ist, merke ich, wie er mich ansieht. Ich werfe ihm ein schelmisches Lächeln zu, à la Cupido-Pfeil, nur ein bisschen zurückhaltender.
Er lächelt zurück.
Während ich meinen Weg fortsetze, lächele ich vor mich hin und denke an das Gedicht, das Baudelaire Einer Vorübergehenden gewidmet hat (schon bei Sagan vorhin werden Sie gemerkt haben, dass ich aus einem literarischen Fundus schöpfen kann, wie es so schön heißt!!!). Ich laufe weniger schnell, denn ich versuche mich zu erinnern...Groß schmal in tiefer trauer ...danach weiß ich nicht weiter – dann ...Erschien ein Weib, ihr finger gravitätisch Erhob und wiegte kleidbesatz und saum ...und am Schluss...Dich hätte ich geliebt, dich die's erkannt.
Das macht mich jedesmal völlig fertig.
Und die ganze Zeit über, göttliche Arglosigkeit, spüre ich noch immer den Blick meines heiligen Sebastian (He, Anspielung auf den Pfeil! Dass Sie mir ja mitkommen!?) im Rücken. Das wärmt mir auf angenehmste Weise die Schulterblätter, doch lieber sterben, als mich umdrehen, dann wäre das Gedicht dahin."

10 Das Gedicht von Gernhardt und die Interpretation von Ross lt. FAZ vom 28.11.1992. Zu Ross vgl. auch sein Baudelaire-Buch in den Literaturangaben!
Die Annonce von 1930 wurde folgendem Buch entnommen: Franz Rauhut, Geschichte und Anthologie der französischen Lyrik, III. Teil: Von Chénier bis Baudelaire, München 1952, S. 222 f. Die Anzeige „Danke, Unbekannte" erschien am 18.1.1996 in der Rheinischen Post Düsseldorf.
Bei beiden Texten handelt es sich ausnahmsweise nicht um Fiktion, sondern um Wirklichkeit, und zwar in einer Großstadt (München bzw. Düsseldorf). Aber wir wissen nicht, wie die Geschichten jeweils ausgingen. Bei den fiktionalen Texten ist das anders!
Zur Übersetzungsproblematik bei Baudelaire vgl. exemplarisch: Thomas Keck, Der deutsche „Baudelaire", zwei Bände, Heidelberg: Carl Winter 1991; Marion Steinbach / Dorothee Risse (Hg), „La poésie est dans la vie". Flânerie durch die Lyrik beiderseits des Rheins, Bonn: Romanistischer Verlag 2000 (bes. Aufsatz von Fritz Nies); das Buch von Kortländer / Siepe (s. Literaturverzeichnis), dort bes. die vier Aufsätze von Wittbrodt, Fahrenbach-Wachendorff, Kemp und Siepe.